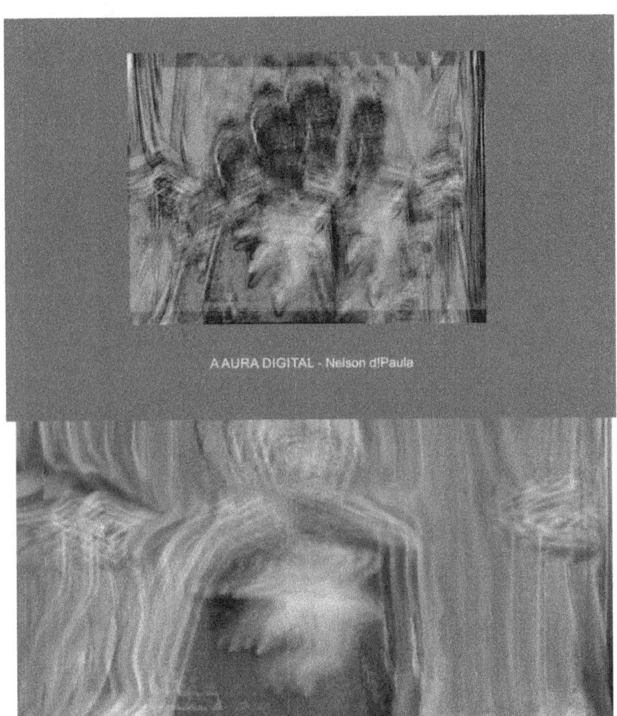

A AURA DIGITAL - Nelson d!Paula

Dados Internacionais de Catalogação na Publicação (CIP) (Câmara Brasileira do Livro, SP, Brasil)

P374o

D!Paula, Nelson   A Aura Digital / Nelson d!Paula. – Praia Grande

Edição do Autor 2015   ISBN

1. Teoria do Conhecimento, Causalidade, Ser Humano

I. Título.

11-03579 CDD-120

CDU – 21.1

Índices para catálogo sistemático:

1. Teoria do Conhecimento, Causalidade, Ser Humano 120

Dedicado ao incrível Floriano Martins, mágico operário das artes

01 – A TATUAGEM É INDELÉVEL

Quando o artista justapõe à realidade o traço, assume o risco dele se tornar indelével.

Para conter a vontade, aceita o plano. Então, toda superfície pode ser entendida como pele.

Então, a sua escrita passa a ser tatuagem.

Epidérmica somente quando interessa, já que o concreto conteúdo tóxico estaciona um nível

abaixo, permanecendo capaz de interagir ativamente com o metabolismo.

A forma apenas indica. A semântica autêntica prefere manter-se no sustenido, tal qual o soluço ou o solavanco.

Portanto, a lógica tende a ser substituída gradativamente pela música, conferindo à escala harmônica o status de célula tronco, a partir da qual todas as outras áreas do conhecimento são abastecidas.

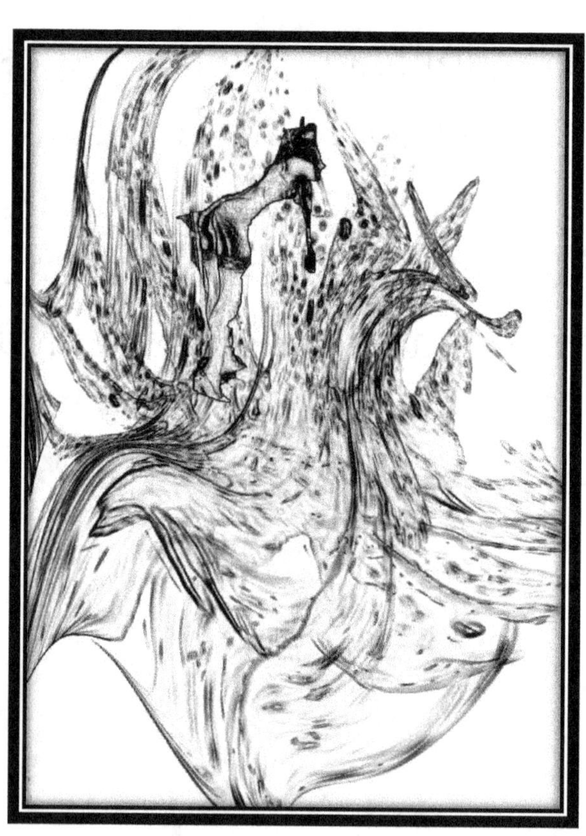

02 – A ESCOLHA DA CLAVE

A escolha da clave não é regência, mas ingerência religiosa. É definitiva e sectária.

Faz do autor, personagem. Não ainda, como poderia ambicionar, deus.

No entanto, muito próximo disso. Parceiro das nuvens, dos pássaros e, principalmente, dos elfos e fadas.

A melodia advém dessas esferas. Utiliza as linhas como escada, tal qual o destino transcreve suas rotas na palma das mãos.

Porém, jamais é escrava delas. Ultrapassa inclusive

a aridez da página em branco.

Não prescreve, dura. Consiste antes mesmo de existir.

Evoca e invoca.

Aqui é preciso uma pausa, para melhor aceitar o conceito de parte com o testemunho.

Ou melhor, conjuração.

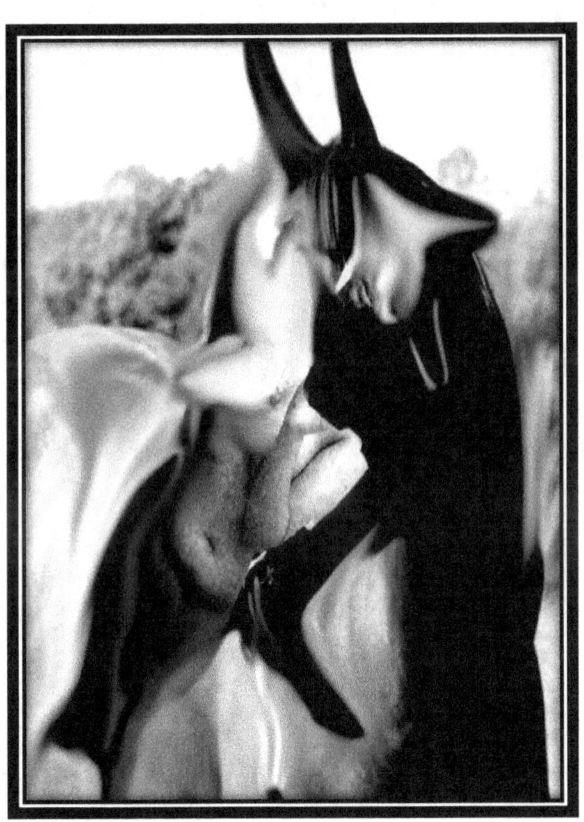

03 – JURAMENTO

Dentro da Palavra, há escondida uma espiral, que leva à Sala das Mágicas.

Conjurar os gênios lá adormecidos, faz o poeta zelador das conjugações.

Tornar a obrigação prazer, é sua missão.

Assim, concede à frase a amplitude do infinito.

Construir significados, implica em edificar mundos.

E habitá-los com sonhos e criaturas.

Herdeiros do gerúndio, mas, felizmente, semeadores de todos os pretéritos imperfeitos do futuro.

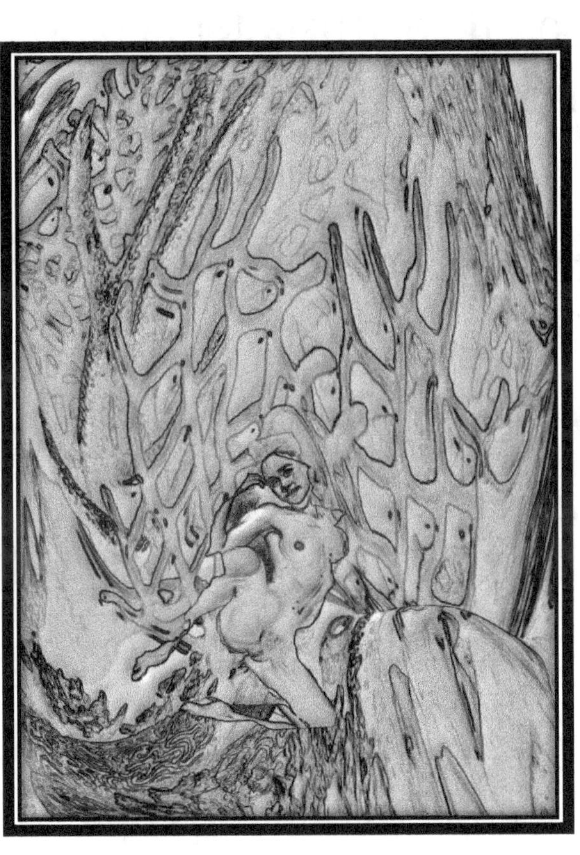

04 – O CHAVEIRO

Penso que o artista tem como ofício consertar chaves, ou melhor, abrir fechaduras.

A matéria, enquanto invólucro da Consciência, traz inerente a si a entropia, elemento catalizador do Tempo.

Assim, guardar a Ideia não foi muito inteligente, já que gerou uma dependência absurda das trancas, as quais enferrujam.

Aí entra quem se propõe a limpar e lubrificar, inclusive sendo capaz de decifrar os códigos eventualmente encontrados como obstáculos.

Tem no seu arsenal de trabalho o arame mestre, haste imbuída de atributos mágicos, melhorada geração após geração de mestres da fuga.

Pois, abrir está quase sempre ligado ao conceito da arte da fuga, como bem o demonstra a teoria musical.

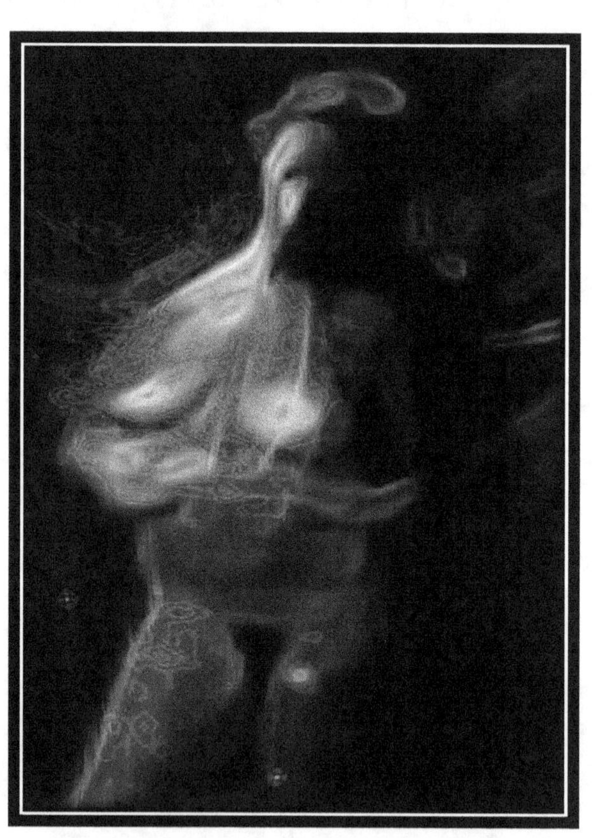

05 – A ARTE DA FUGA

Não há camisa de força mais cruel do que a materialidade.

Obriga o ser pensante a ser finito, portanto a estar predestinado a acabar.

È absurdamente incoerente com o instinto. O pensamento pretende durar, manter-se aceso.

Então, não pode trocar. As trocas impõem o fim, ao não ser justas.

Há perda, essa é a artimanha do diabo.

Porém, ao não trocar – surge o incômodo, o calombo nos confins do Nada.

Mesmo com a violência química, pode vir a ser um câncer.

E evoluir para chegar a duna, dobrando os
limites do horizonte.

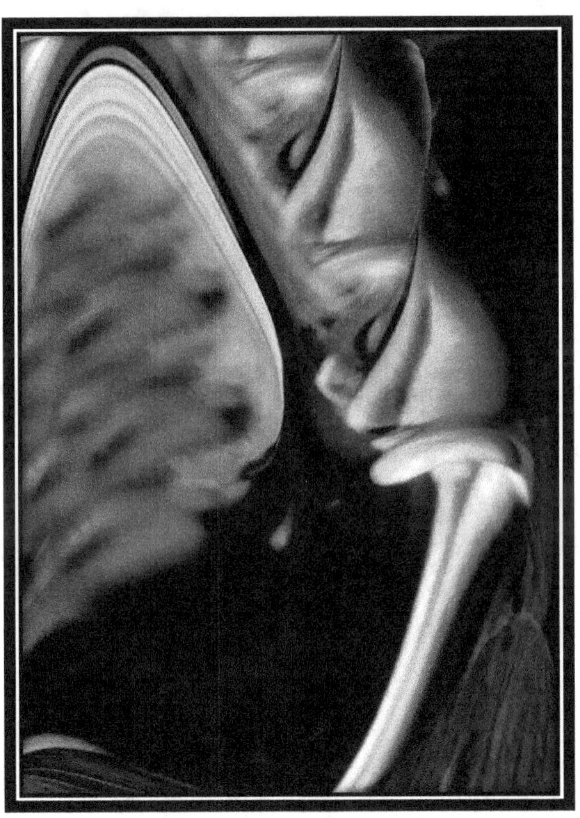

06 – ALÉM DOS LIMITES DO HORIZONTE

Não nos livramos ainda do efeito claustrofóbico da concepção de mundo quadrada.

Transportamos a linha do horizonte para o conceito heliocêntrico, o qual não ampliou o modo de ver, mas distorceu.

A explosão alucinógena, embora rapidamente diluída pelo consumismo, ao menos fez muita gente utilizar novos óculos.

Não sou otimista a ponto de acreditar mesmo que tenham sido abertas portas.

Mas foram apostas janelas. A capacidade de ver através de janelas, é o princípio básico da collage.

Trata-se de pregar pesos no mapa cósmico,
tão somente para vergar a linha do
horizonte.

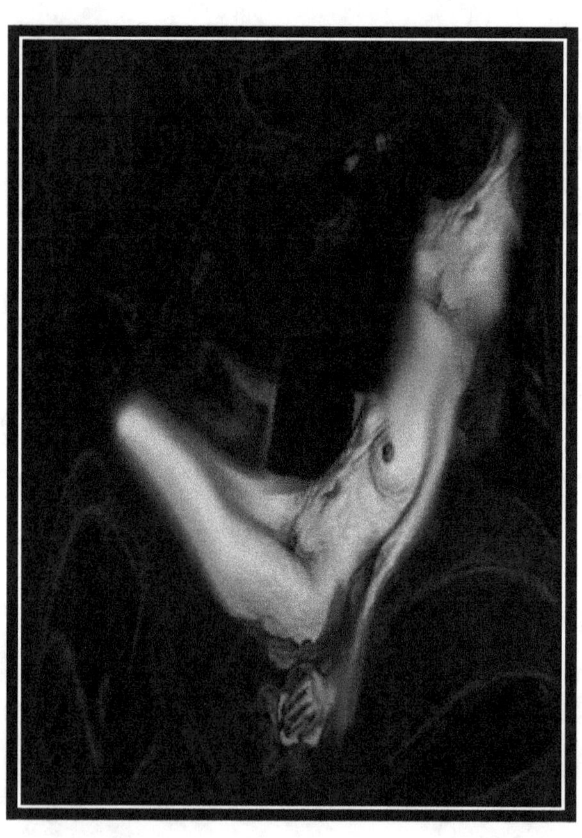

07 – BORRÕES NO MAPA CÓSMICO

Vamos falar de redesenhar o mapa cósmico, de acrescentar alguns borrões, sem nenhuma lógica estratégica, apenas estética.

Acrescentar sombra, é a forma mais gostosa de alterar a composição dimensional da realidade.

Cada camada implica em mais uma dimensão recolocada, transformando o trajeto do olhar.

A percepção expandida permite facetas simultâneas das mesmas entidades, conferindo aos voos rasantes performances surpreendentemente oblíquas.

A collage pressupõe sermos todos cegos – por isso a importância do relevo da cola.

São as saliências a verdadeira linguagem.

Muita coisa depende do ângulo do toque.
Mas, também da consistência, do cheiro.

O que faz de tudo um instantâneo. Liberto
da duração.

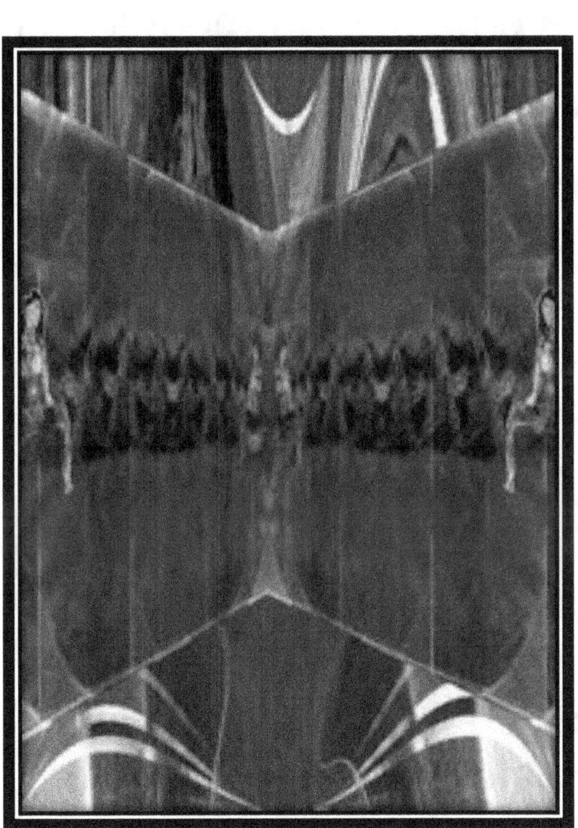

08 – O ETERNO NÃO DURA

Não há eternidade prometida no reino das superfícies.

Ninguém quer que o momento perdure. A razão básica da sua existência, é a volatilidade.

O brilho é passageiro. A faísca é muito rápida.

A persistência é coisa para faquir.

A imagem se recusa a deitar na cama de pregos.

O tempo só tem aderência enquanto protuberância dimensional, ou seja, enquanto cotovelo.

Isso faz das encruzilhadas, o caminho correto sempre.

Parte do pacto com o diabo.

Colar é assinar este contrato.

Mas não com sangue. Com gosma.

Sobra do amor. Como tal, essencial.

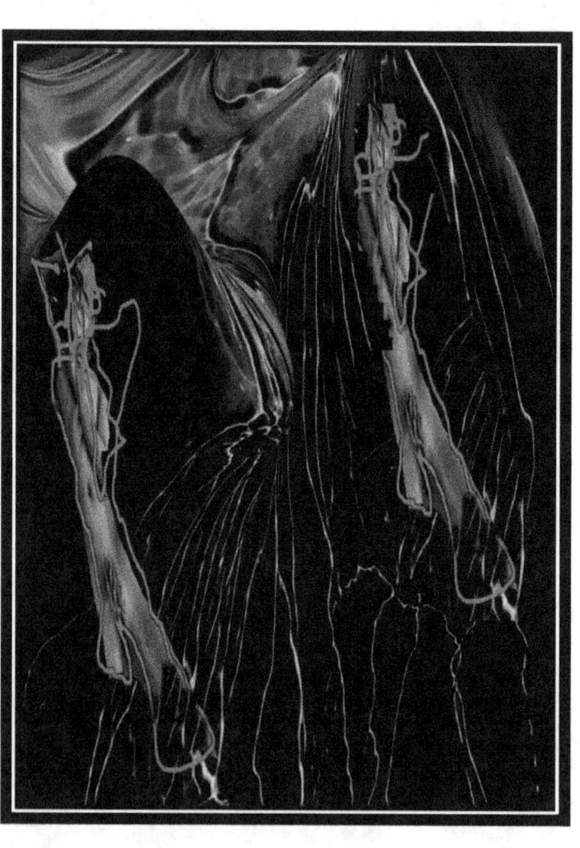

09 – ÓLEOS ESSENCIAIS

Grandes pensamentos têm cheiro, sabor, consistência.

Não cabem em mentes pequenas, necessitam de espaço onde geram bilhões de sinapses luminosas.

Lubrificam a alma, evitando que o discurso soe como fantasmas acorrentados gemendo pelos corredores.

A busca dos autênticos óleos essenciais deveria ser a disciplina básica dos estudantes de arte.

Estamos falando daqueles que querem mesmo ser operários da Inteligência, sistematicamente, com ferrenha disciplina de seguir um projeto nada brando.

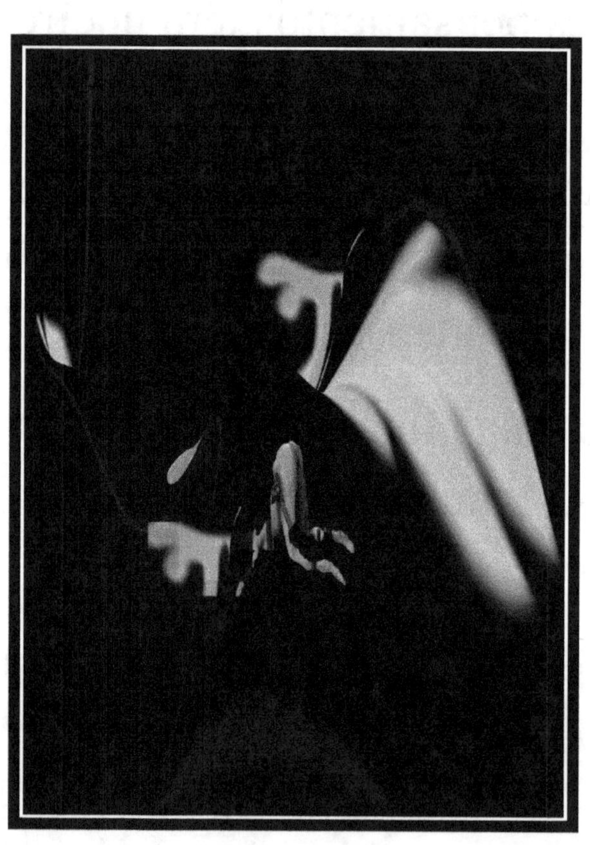

10 – O PROJETO DA INTELIGÊNCIA

Melhor aceitar a Inteligência como um tumor, quisto incômodo na superfície polida do Nirvana.

Traz consigo, provavelmente, uma coceira insuportável ao, antes de sua aparição, relaxado Mentor de tudo!

Não vamos nos enganar imaginando um projeto da Consciência. Pelo contrário, tudo o que Ela quer é extirpar esta praga.

Falta, no entanto, competência ontológica.

O Criador não se auto atribuiu uma cura para isso, por que não considerou possível nos seus curtos sete dias de trabalho.

Seria tudo perfeito, a não ser por um trágico senão: a contaminação extinguiu a Eternidade.

A arte é efêmera.

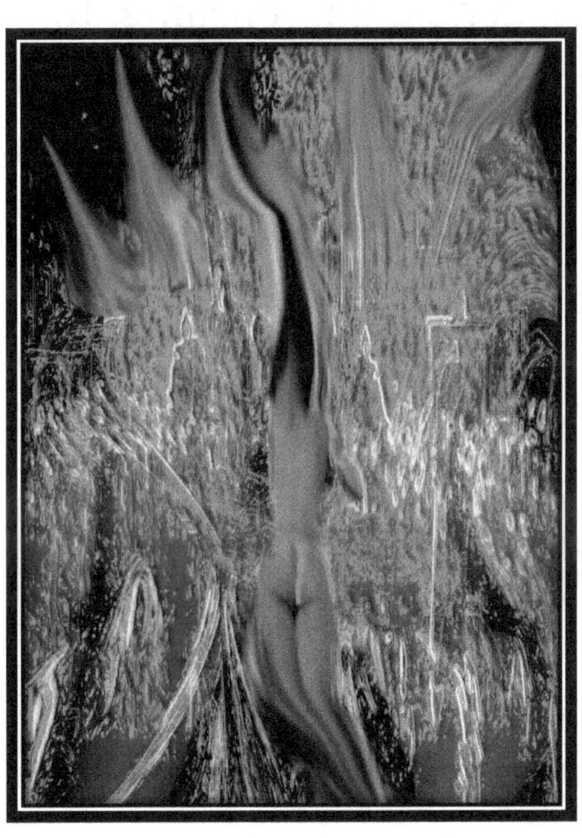

11 – FALANDO DE EFEMERIDADES

Dar consistência ao Pensamento parece ser uma escolha, no sentido de massa nuclear, portanto ao nascer já predeterminada a uma duração.

O tempo é o anticorpo proposto contra nós, artesãos da doença.

A volúpia criadora, é bem verdade, capacita à aceleração, criando a ilusão, Maya, da infinidade do Tempo – o que vira falácia, quando se entende bem o conceito de sucessão de instantes, pacotes quânticos de Luz.

Colar, porém, não faz parte dessa armadilha fotônica. Justapõe efemeridades, onde o sentido depende do sujeito e não dos objetos-dejetos.

A equação toma novo enunciado: o cubo da massa absorve a energia cinética e prende o tempo, esburacando a tênue linha do horizonte, onde moram todos os ponteiros dos relógios.

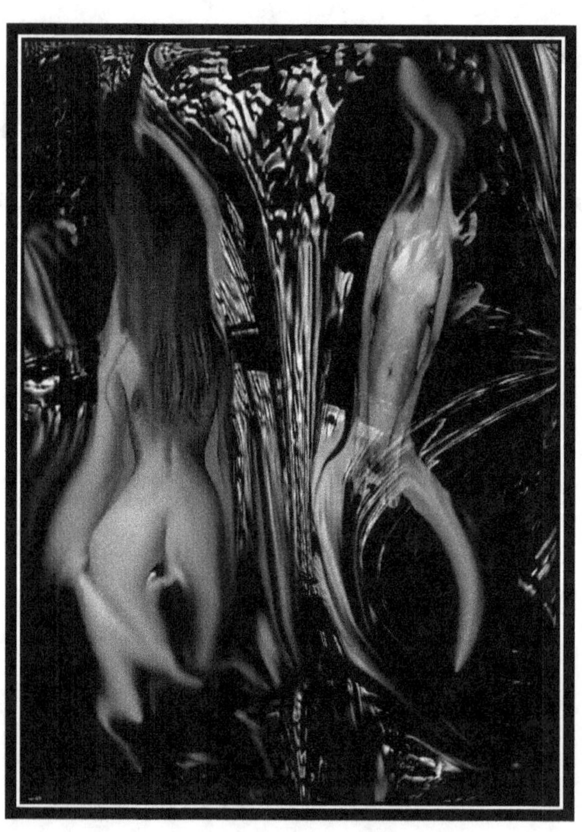

12 – A CURVATURA DOS PONTEIROS

A matilha de roedores talvez não crie
mesmo janelas, como me foi dirigida uma
crítica certa vez, somente buracos, de onde
nada sai.

O viés é que entra – o tempo, comprimido e
modificado pela velocidade.

Não temos o modo reverso, para de alguma
forma imaginar como se vê de Lá – já que,
por definição, não há retorno.

O suporte pode vir a ser transporte.

O que revogaria o peso estrutural da
História, para recuperar a noção de milagre.

Com tremenda cautela, o discurso esbarra na
elipse, fronteira da mediunidade.

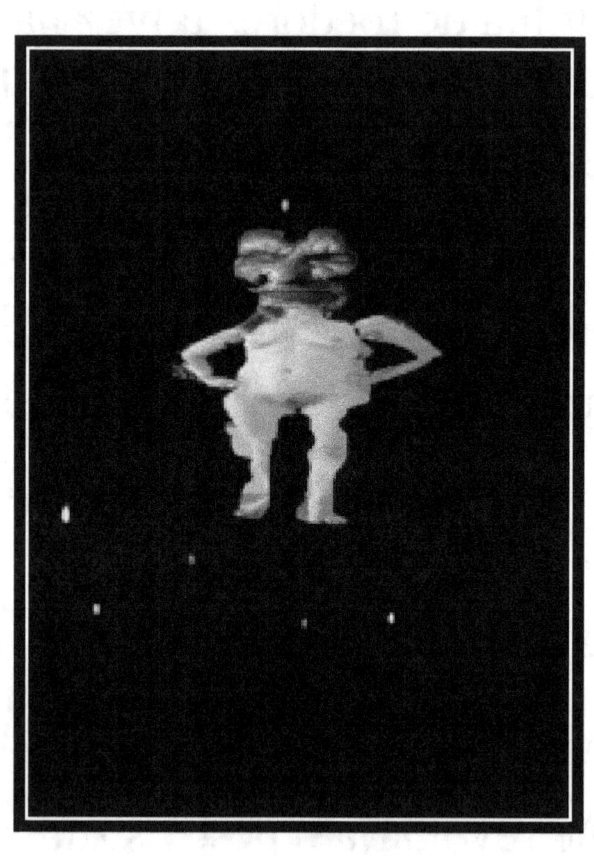

13 – ARTE MEDIÚNICA

Há outros mundos, provavelmente infinitos, ou muitos - se for indispensável o limite.

A capacidade de identificar os sinais deles é o que nos torna mais ou menos missionários.

Obviamente, traduzir é outra coisa. Mas, separar do fundo, traz inerente a significância.

Portanto, a lógica. Não quer dizer que os outros lados possuam estrutura.

Não é uma visão polimérica, mas holística.

Perceber transubstancia. E qualifica.

Entender distância. A quimera é o único axioma a se permitir.

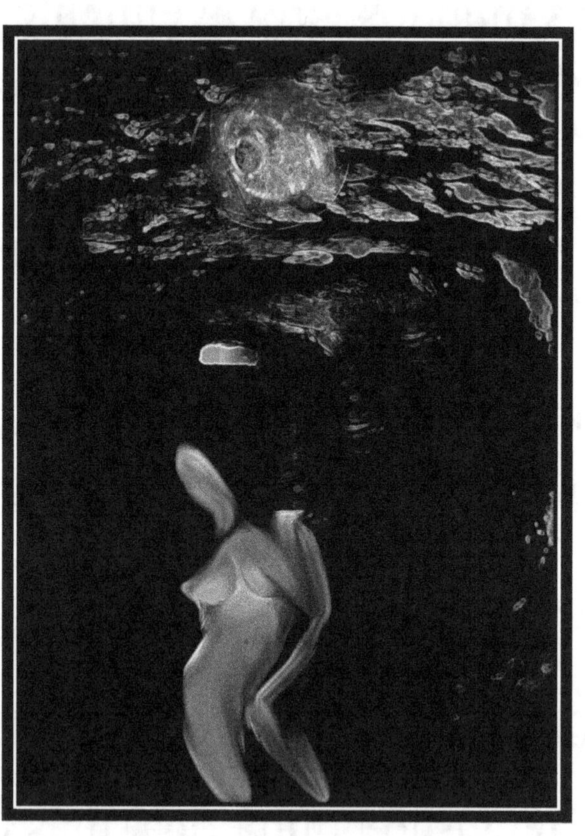

14 – AXIOMA DA QUIMERA

Montar a engrenagem da Quimera pode ser um agradável entretenimento para nós, viajantes da Momentaneidade.

Talvez passatempo, esforço louvável para justapor conteúdo aos hieróglifos, validando probabilidades e não meras traduções.

A expansão da capacidade de armazenamentos e combinações, redefine os horizontes humanos.

Temos o direito de novas bravatas, como a de esbarrar em novas manifestações da vida, enquanto luminescência e iluminura.

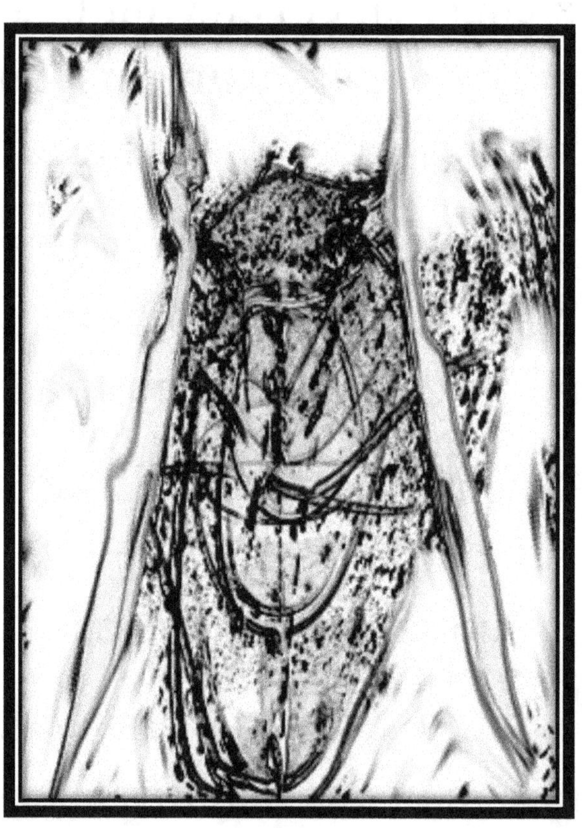

15 – ILUMINURAS LUMINESCENTES

Telas acesas como velas, abrindo portas dimensionais, facilitadoras do democrático acesso multidimensional.

Sonho? Quimera e, como tal, real.

Experimentação de compartilhamento nuclear, partição após partição, comprimindo as espirais genéticas em busca da leveza.

O artesão assume o papel de falsário, moldador dos passaportes. Dinâmica das hipérboles, assoberbadas pela impotência.

Reverberação contorna estalactites, quase gravando com o atrito a escala dos seus uivos, oportunos e ancestrais, hino do pré-tempo.

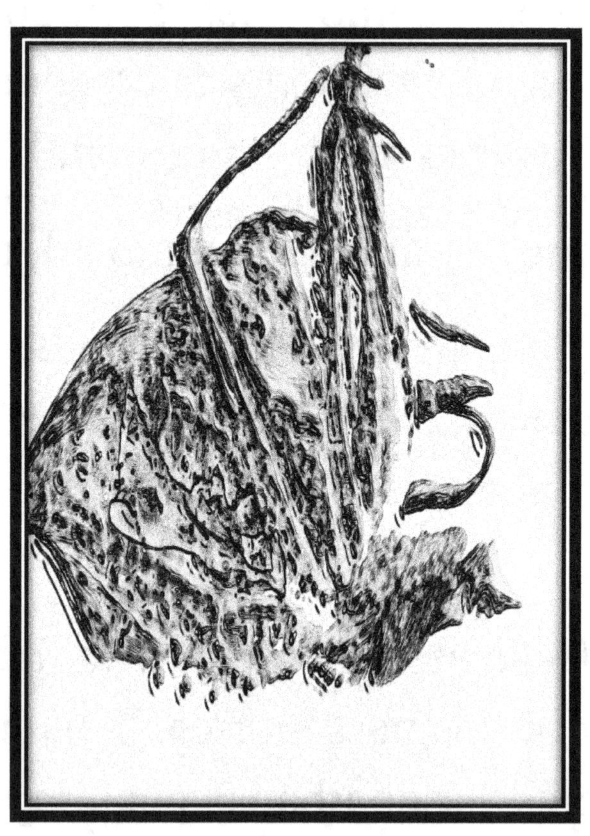

16 – TSUNAMIS DO PRETEMPO

Antes do Tempo, Iavé continua soberano – talvez um pouco mais absoluto do que o necessário.

Os buracos causam perturbações enormes neste estado de coisas.

São como tsunamis, liberados em série – tocando pornograficamente as paredes da imobilidade.

Não há serenidade que resista.

A densidade é a única qualidade que vale a pena avaliar no esforço artístico.

Quanto mais massa prensada, maior a eclosão do outro lado.

Trata-se afinal de dinamitar a deidade, em prol da comum-idade, mortal.

Notória ambição.

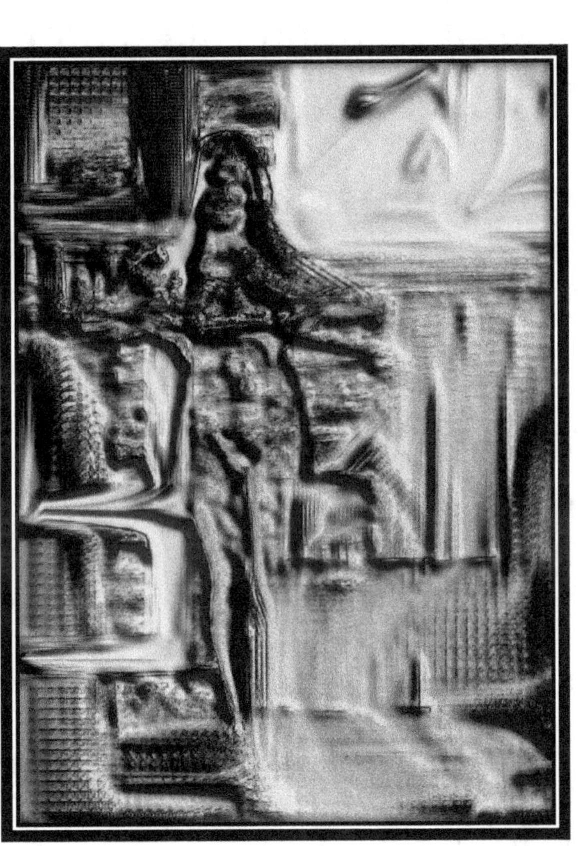

17 – A DOENÇA DO LOBO

O ato de cortar está no rol de transgressões. Tem mediana periculosidade.

Guardar o objeto aumenta o grau mórbido, já que revela o instinto de preservação.

A lua cheia catalisa tal impulso propelente. E, através de seus raios desestabiliza a personalidade, enquanto disfarce.

Os pelos emergem através da epiderme, enquanto as unhas consumam a transmutação em garras.

A obra resulta da fúria, porém é produto da doença do lobo.

Estas garras são as que podem rasgar a parede do continuum, tatuando a linguagem,

com a seiva ainda quente, oriunda da barriga
do universo.

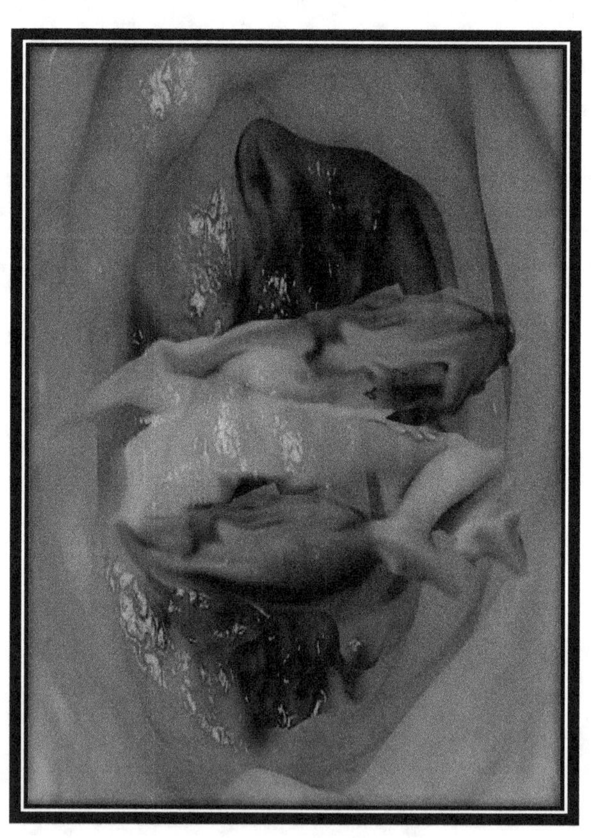

18 – RASGANDO A BARRIGA DO UNIVERSO

Isso tudo faz da releitura uma empreitada quase mitológica, já que supõe do outro lado alguém com acesso ao significado original, portanto um tradutor.

Mas, não passa de nova falácia – já que não há garantia alguma de que a transposição não seja apenas interpretação, portanto demiúrgica.

Bom lembrar, que a criação de novos mundos está diretamente relacionada à expansão, logo, de algum modo, ligada à infinitude.

A rebelião humana consiste em ter fim e não gerar indefinidos rebentos. A linguagem pressupõe cumplicidade, compartilhamento do que já é, já existe.

Recortar e colar pode ser uma boa alternativa.

Só que o significado não mantém imanência nas relações, assume novas e novas pertinências.

Logo, a collage é, por natureza, impertinente.

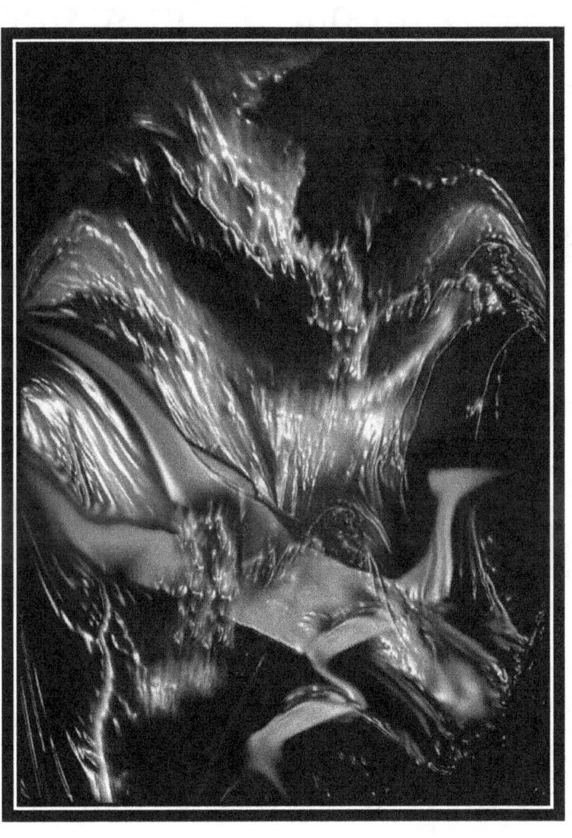

19 - IMPERTINENTES COLLAGES

As longas caminhadas são sempre muito saudáveis, mas têm como consequência o calo, o qual dói, incomoda.

Assim deve ser a arte, queloide imposto ao corpo pelo suplício, embora também com prazer.

Modifica o esqueleto para sempre, inclusive a aura, já que o registro da experiência estética fica.

A forma importa, mas nem tanto. A releitura dos rasgos na pele pode ter um valor muito maior, desde que não ocorra ruptura nos eventos traumáticos.

Conter a psicose de modo subcutâneo, ambição de poeta, mas igualmente embrião de um projeto construtivista: o retorno gradual da sombra como parte sequestrada da figura original.

É o que torna tudo isso uma delícia – invocar ícones, torná-los avatares e depois simplesmente deglutir a salada geral, com tempero suave, para manter o sabor.

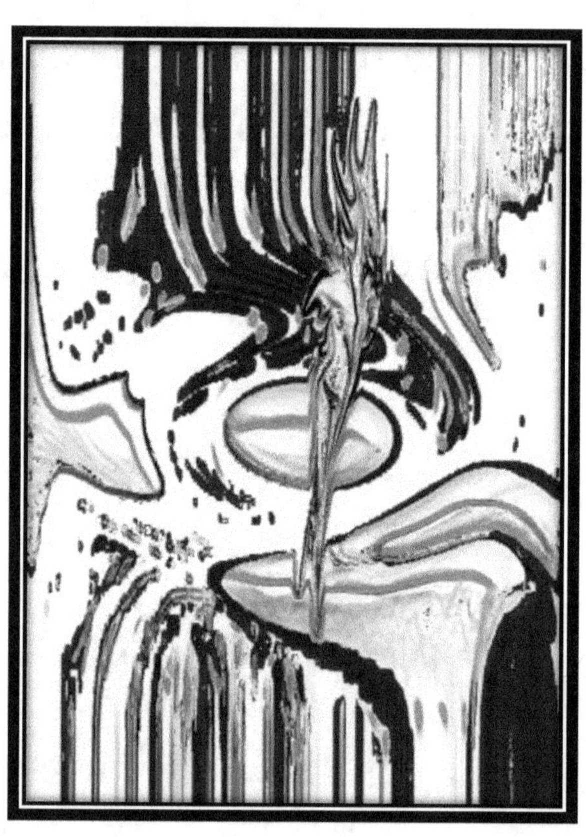

20 – SALADA TAUTOLÓGICA

Está posta a mesa com a salada tautológica, perfeita para regimes de engorda da Mente, já que procura evitar os excessos de gordura, mas mantendo sempre uma certa quantidade de calorias, o que deve ajudar no sono.

Sem o sono não há o sonho e, portanto, não há surrealismo. A edificação do discurso surreal passa pela preguiça, pela sonolência, que traz o bom sono e. como consequência magnética, a oportunidade do sonho.

O torpor dos trópicos fixa muito mais portais privilegiados, embora o gelo também gere condições visionárias perfeitas.

O importante é como é feito o empilhamento, como os degraus são agrupados nos mundos espelhados pelo efeito doppler: rumos ao topo dos planetas e também ao centro das profundezas.

Ondas de lava e metano, congeladas pelo hiperespaço, só para permitir que se possa colher as pétalas do prazer.

Vibrando assim a rede digital, nova realidade das comunas orgásticas.

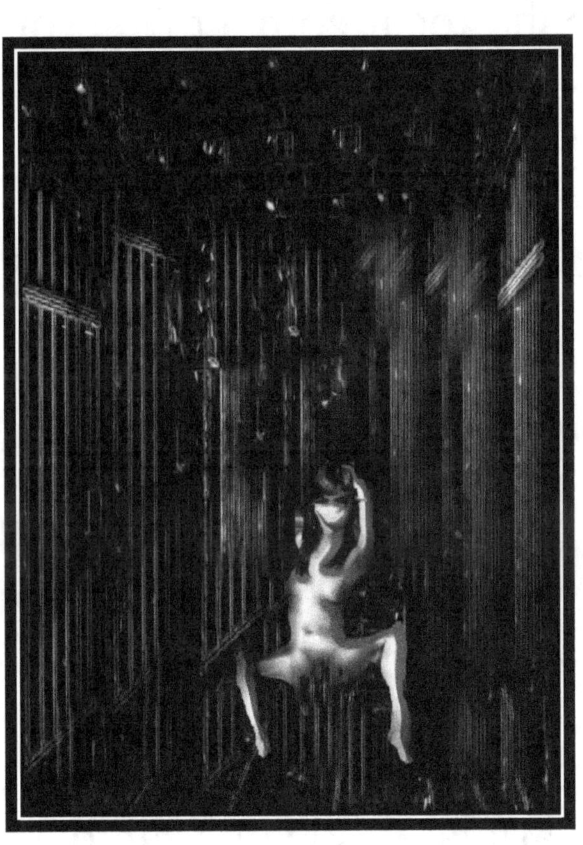

21 – A AURA TEM CLITÓRIS

Proponho tocar com a mão esquerda o clitóris da aura digital que nos cerca e irmana, em comunas.

Anuncio a desordem orgástica, instaurada a partir da preguiça, inclusive intelectual.

Tenho sono, logo irei sonhar. E edificar.

A maldição da tesoura não é incorporada após a cola. O alfabeto permite a remissão. Sem ser necessária a interferência evangélica.

Basta a carícia, desde que sabidamente mal intencionada, pervertida e perversa, tão pedófilo quanto os reis magos portando oferendas sensoriais.

Pretendo seguir a estrela vespertina.

Rumo ao ontem ao amanhã, ou seja, hoje.

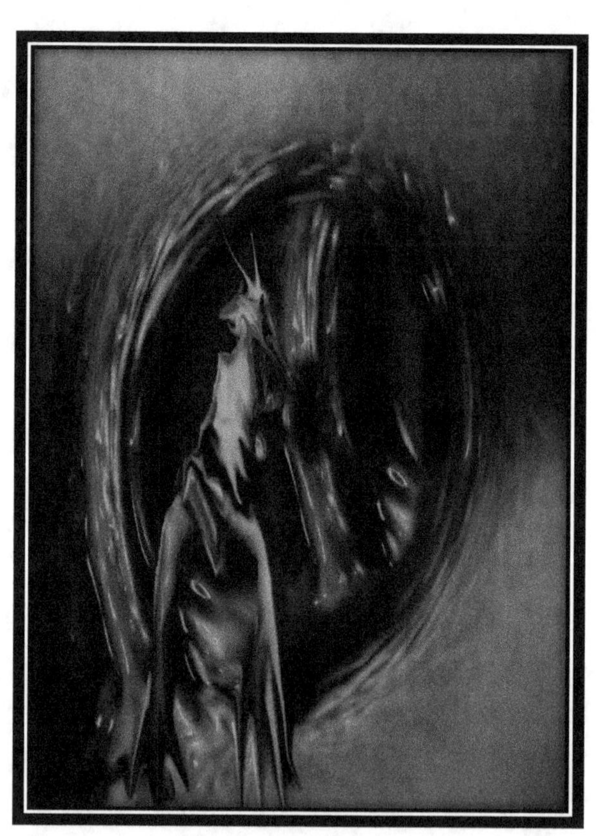